CATALOGUE

DE

BEAUX MEUBLES MODERNES

DE DIVERS STYLES

ET QUELQUES ANCIENS

Objets d'Art et de Curiosité

OBJETS DE VITRINE — BIJOUX

PORCELAINES, CÉRAMIQUES — MARBRES ET BRONZES

Appareils d'éclairage préparés pour l'électricité

TABLEAUX ANCIENS ET MODERNES

Nombreux Panneaux en ANCIENNE TAPISSERIE

La plupart avec encadrements

TAPIS, ÉTOFFES, BRODERIES, TENTURES, OBJETS VARIÉS

DONT LA VENTE AURA LIEU

HOTEL DROUOT, SALLE N° 10

LE MERCREDI 2 JUIN 1909

à deux heures

COMMISSAIRE-PRISEUR	EXPERT
Mᵉ ANDRÉ COUTURIER	M. GEORGES GUILLAUME
56, rue de la Victoire	4, rue Chalgrin

EXPOSITION PUBLIQUE

Le Mardi 1ᵉʳ Juin 1909, de 1 h. 1/2 à 5 h. 1/2

CONDITIONS DE LA VENTE

Elle sera faite au comptant.

Les adjudicataires paieront *dix pour cent* en sus des enchères.

L'exposition mettant le public à même de se rendre compte de l'état et de la nature des objets, aucune réclamation ne sera admise une fois l'adjudication prononcée.

Paris. — Imp. de l'Art, Ch. Berger, 41, rue de la Victoire.

DÉSIGNATION

TABLEAUX

BOUCHER (Manière de)

1 — *Femme étendue.*

> Dessin à la mine de plomb.

GILLOT (Dans le genre de)

2 — *Scène de mascarade.*

3 — *Les Adieux.*

> Deux petites toiles peintes se faisant pendants.

ÉCOLE ANGLAISE

4 — *Portrait d'Homme, coiffé d'une casquette.*

ÉCOLE FRANÇAISE

5 — *Revue de troupes, au Palais de Ver-sailles.*

> Aquarelle gouachée.

ÉCOLE FRANÇAISE :

6 — *Le Bain de Diane.*

>   Lavis.

7 — *Personnages dans un port de mer.*

>   Aquarelle.

8 — *La Fermière.*

>   Aquarelle gouachée.

9 — *L'Escarpolette.*

>   Gouache.

10 — *Portraits d'Homme et de Femme en costumes de la Révolution.*

>   Deux pendants.

ÉCOLE FRANÇAISE

11 — *Portrait de Jeune Fille, vêtue d'une robe cerise et portant une perruque poudrée.*

ÉCOLE FRANÇAISE (xviie siècle)

12 — *Portrait d'Homme en cuirasse, la main main posée sur son casque.*

ÉCOLE HOLLANDAISE

13 — *Noix, raisins et framboises sur une table.*

>   Panneau bois.

ÉCOLE ITALIENNE

14 — *Sujet tiré de l'Histoire sainte.*

15 — *Paysans guidant des bestiaux dans un site vallonné.*

INCONNU

16 — *Fuite à cheval dans la campagne.*

17 — Trois grands panneaux de décoration : Toiles peintes dans le style chinois, à sujets de pagodes, navires et personnages divers.

18 — Peinture décorative de style Empire : Buste d'homme dans un médaillon vert.

19 — Autre peinture décorative en grisaille, à sujet de femmes entourées d'amours.

20 — Dessus de porte : Amour portant une corbeille de fleurs.

21 — Deux médaillons en grisailles se faisant pendants : Sujets champêtre et maritime.

22 à 25 — Quatre pièces, tableaux ou gravures, de diverses écoles. (Sera divisé.)

PORCELAINES, BRONZES
LUSTRES
ARMES, OBJETS DIVERS

26 — Potiche avec couvercle, à décor bleu sur blanc. Ancienne porcelaine de Chine.

27 — Paire de cornets, à décor bleu. Ancienne porcelaine de Chine.

28 — Coupe en porcelaine de Chine. Monture bronze.

29 — Soupière et son couvercle en ancienne faïence.

30 — Deux assiettes en porcelaine de Chine.

31 — Paire de potiches en porcelaine de Chine, ornées de bronzes dorés et montées en lampes.

32 — Paire de potiches en porcelaine du Japon.

33 — Bouteille en porcelaine de Chine.

34 — Jardinière en porcelaine, décorée de fleurs sur fond bleu. Monture en bronze doré, de style Louis XV.

35 — Paire de plaques-appliques à deux lumières, ornées de rocailles et fleurettes en relief. Porcelaine d'Allemagne.

36 — Deux petites jardinières en porcelaine, à décor de fleurs en relief.

37 — Jardinière en porcelaine, à décors d'oiseaux sur branchages. Monture en bronze.

38 — Jardinière sur socle en grès émaillé.

39 — Service à dessert, composé de coupes, compotiers et assiettes en cristal, à montures en bronze argenté et doré.

40 — Miniature de femme en costume décolleté et portant un collier à trois rangs de corail.

41 — Autre miniature de femme, à robe de mousseline blanche et écharpe rose.

42 — Miniature d'après Chaplin : *Volupté* (Cadre peluche rouge.)

43 — Petite montre en or ciselé, boîtier à motif rayonnant.

44 — Autre petite montre en or émaillé bleu, à sujet de colombes, avec double entourage de petites demi-perles.

45 — Montre d'aveugle en or émaillé bleu, munie d'une flèche mobile ornée de petites roses et entourée de douze petites perles alternant avec d'autres plus grosses ; anneau d'attache et clef également ornés de demi-perles.

46 — Cachet-breloque en or ciselé, portant les initiales *E. T.*

47 — Breloque, composée d'une plaquette en agate, à monture de vermeil.

48 — Deux couteaux à monture d'or, dans leur étui en galuchat.

49 — Éventail en ivoire sculpté, feuille à composition de nombreux personnages. Travail chinois.

50 — Environ trente-deux pièces sculptées en bois, os et ivoire, provenant d'un jeu d'échecs et représentant des personnages chinois en pied ou équestres.

51 — Bas-relief d'enfant couché en marbre blanc.

52 — Deux petits sujets en marbre tendre : statuettes de femmes.

53 — Buste de femme : la Bacchante, en bronze doré. Sur socle en marbre blanc.

54 — Service à thé et à café en métal argenté, composé de : un grand plateau, un samovar, un pot à lait, un sucrier, une théière, une cafetière et une chocolatière.

55 — Plaque en métal ciselé et gravé, représentant un paysage dans un encadrement de rinceaux.

56 — Miroir japonais en bronze ; support et gaine en laque du Japon.

57 — Petit cartel en bronze doré et patiné. Style Louis XV.

58 — Petite pendule en bronze doré, de style Louis XVI.

59 — Deux grandes torchères en métal argenté,

60 — Paire de candélabres, formés chacun d'un vase trépied-cassolette, en marbre blanc, d'où s'échappe un bouquet à quatre branches ; monture à pieds de biches et têtes de béliers en bronze doré. Style Louis XVI. (Préparés pour l'électricité.

61 — Paire de candélabres en bronze doré et patiné.

62 — Paire de coupes en bronze patiné. *Maison Barbedienne.*

63 — Coupe en marbre blanc, ornée d'une frise et de têtes de boucs en bronze ciselé et doré. Style Louis XVI.

64 — Paire de coupes en bronze, décorées d'émaux cloisonnés.

65 — Paire de flambeaux en bronze doré. Style Louis XV.

66 — Paire de chenets en bronze doré : Enfants sur rocailles. Style Louis XV.

67 — Paire d'appliques-potence en bronze doré. (Préparées pour l'électricité.)

68 — Paire d'appliques, à trois lumières, composées d'un nœud de rubans et de feuilles de lauriers, en bronze doré, médaillon en Wedgwood. Style Louis XVI. (Préparées pour l'électricité.)

69 — Paires d'appliques à une lumière. Bois doré et glaces.

70 — Petit lustre, forme corbeille, en bronze doré et ciselé, de style Louis XVI. (Préparé pour l'électricité.)

71 — Lustre en bronze ciselé et doré, de style Louis XVI. (Préparé pour l'électricité.)

72 — Glace à fronton en bois sculpté et doré. Époque Louis XIV.

73 — Deux panneaux en bois sculpté et peint.

74 à 77 — Sous ce numéro, porcelaines, bronzes de la Chine. (Sera divisé.)

78 à 80 — Lot d'armes, fusils, casques, etc. (Sera divisé.)

———

MEUBLES

81 — Armoire en chêne sculpté, ouvrant à quatre portes et deux tiroirs ornés de marqueterie de bois. Époque Louis XIII.

82 — Bibliothèque, ouvrant à deux portes, formée d'un ancien lit breton et de son banc, en noyer finement sculpté à jour; motifs en marqueterie de bois.

83 — Vitrine en acajou, ornée de bronzes dorés et ciselés; elle s'ouvre à une porte et est décorée d'un sujet peint au vernis Martin. *Maison Majorelle.*

84 — Meuble-bahut en chêne sculpté, s'ouvrant à quatre portes. Époque Louis XIII.

85 — Meuble en bois de placage, ouvrant à deux portes. Dessus de marbre blanc. Époque Louis XVI.

86 — Petit meuble en bois de rose, à quatre pieds cannelés, décoré de bronzes ciselés et dorés, la partie supérieure s'ouvrant à deux portes. Style Louis XVI.

87 — Petit bureau bonheur-du-jour en marqueterie de bois à damiers, orné de cuivre. Style
Louis XVI.

88 — Table de milieu en bois sculpté et peint
gris. Dessus de marbre brèche.

89 — Table de nuit en noyer. Époque Louis XV.

90 — Table à thé en noyer, décorée de fleurs
dorées en relief.

91 — Table-jardinière Louis-Philippe en acajou,
à pieds X.

92 —· Petite table-étagère en bois verni, décorée
d'oiseaux et de fleurs en relief.

93 — Écran peint au vernis Martin sur fond
crème, s'ouvrant à abattant et formant bureau de dame.

94 — Pied-support en bois de fer.

95 — Paire de consoles à un pied en chêne finement sculpté. Dessus de marbre. Époque
Louis XVI.

96 — Casier à musique en bois noir.

SIÈGES

97 — Meuble de salon en tapisserie d'Aubusson,
à bouquet de fleurs sur fond crème, contre-
fond rouge ; il est composé d'un canapé, de
quatre fauteuils et de six chaises. Style
Louis XV.

98 — Grande bergère en bois sculpté et peint
gris, couverte en velours. Style Louis XVI.

99 — Bergère en bois sculpté et peint gris, à
dossier médaillon, recouverte du même velours que la précédente. Style Louis XVI.

100 — Bergère en bois sculpté et peint gris,
couverte de soierie rayée à fleurs. Style
Louis XVI.

101 — Fauteuil en noyer sculpté, couvert en
soie à fleurs. Style Louis XV.

102 — Deux fauteuils, de style Louis XIII,
couverts en ancienne tapisserie animée de
constructions et d'oiseaux.

103 — Banquette en bois sculpté et doré, couverte en damas. Style Louis XV.

104 — Petite banquette en bois sculpté, peint gris, à fond de canne et couverte d'un coussin en velours.

105 — Quatre chaises légères en bois doré, couvertes en soie brochée. Style Louis XVI.

106 — Huit chaises Louis-Philippe en acajou, avec coussins en cuir.

107 — Prie-Dieu en chêne sculpté, couvert en étoffe brodée.

TAPISSERIES ANCIENNES
TENTURES

108 — Panneau de tapisserie, présentant un sujet de verdur eanimé de volatiles et de cours d'eau ; encadrement de fleurs, de feuillage et de fruits. Bruxelles, XVIIIe siècle.

Dimensions : 3 m. 3o cent.×1 m. 8o cent.

109 — Panneau en ancienne tapisserie d'Aubusson : Paysage animé de cygnes, prenant leurs ébats sur un cours d'eau entouré de buissons de feuillage et de fleurs ; encadrement à fleurs et nœuds de ruban.

Dimensions : 2 m. 45 cent.×2 m. 6o cent.

110 — Panneau de tapisserie, présentant au fond des constructions et au premier plan un arbre entouré de fleurs aux vives couleurs et d'oiseaux. Aubusson, XVIIIe siècle.

Dimensions : 2 m. 20 cent.×1 m. 65 cent.

111 — Panneau de tapisserie, présentant un paysage boisé, avec échassiers sur le bord

d'un ruisseau coupé de ponts et un château
à l'arrière-plan ; encadrement de vases, fruits,
etc. Aubusson, xviiie siècle.

Dimensions : 3 m. o5 cent.×2 m. 6o cent.

112 — Ancienne tapisserie d'Aubusson, avec
château, pièce d'eau et volatiles ; encadrement de fleurs multicolores et d'oiseaux.

Dimensions : 2 m. 40 cent.× 1 m. 40 cent.

113 — Tapisserie-verdure d'Aubusson, encadrée
de fleurs rouges, feuillages et oiseaux.

Dimensions : 2 m. 3o cent.× 1 m. 25 cent.

114 — Panneau en ancienne tapisserie d'Aubusson : Paysage avec cours d'eau, constructions
et oiseaux ; encadrement à fleurs.

Dimensions : 2 m. 8o cent.× 2 m 65 cent.

115 — Panneau de tapisserie-verdure, avec plan-
tes grasses et oiseaux ; encadrement de rinceaux de feuillages, fruits, vases et animaux.
Aubusson, xviiie siècle.

116 — Tapisserie, avec bordures : sujet guer-
rier. Époque Louis XIV.

Dimensions : 4 m. 3o cent.× 3 m. o5 cent.

117 — Fragment en ancienne tapisserie de Flandres, partiellement encadrée de rinceaux fleuris et de motifs d'architecture.

Dimensions: 2 m. 10 cent. × 2 m. 30 cent.

118 à 121 — Quatre fragments d'ancienne tapisserie-verdure, avec encadrements incomplets. (Sera divisé.)

122 à 126 — Huit bandeaux, partie d'encadrements, ou cantonnières incomplètes, en ancienne tapisserie d'Aubusson, et un lot de morceaux de tapisserie en mauvais état. (Sera divisé.)

127 — Quatre rideaux en damas; lambrequins en velours et broderies.

128 — Décor de fenêtre en bois sculpté et peint gris; rideaux en lampas rose à fleurettes. Style Louis XVI.

129 — Tenture tunisienne en soie.

130 — Objets omis au Catalogue.